ANTES QUE O MAR

SILENCIE

LUCAS DE MATOS

Principis

**Dados Internacionais de Catalogação na Publicação (CIP)
de acordo com ISBD**

M433a	Matos, Lucas de
	Antes que o mar silencie / Lucas de Matos.
	Jandira, SP : Principis, 2024.
	96 p. ; 15,50cm x 22,60cm.
	ISBN: 978-65-5097-229-5
	1. Literatura brasileira. 2. Autor negro. 3. Poema.
	4. Poesia. 5. Sentimentos. 6. Negritude. 7. Ancestralidade. I. Título.CDD
	869.1
	CDU 821.134.3(81)
2024-2051	

Elaborado por Lucio Feitosa - CRB-8/8803

Índice para catálogo sistemático:
1. Literatura brasileira : Poesia 869.1
2. Literatura brasileira : Poesia 821.134.3(81)

Esta é uma publicação Principis, selo exclusivo da Ciranda Cultural.

© 2024 Ciranda Cultural Editora e Distribuidora Ltda.
Texto © Lucas de Matos
Ilustração, projeto gráfico e diagramação: Natália Calamari
Editora: Michele de Souza Barbosa
Revisão: Fernanda R. Braga Simon
Produção: Ciranda Cultural

1a Edição em 2024
www.cirandacultural.com.br

Todos os direitos reservados.
Nenhuma parte desta publicação pode ser reproduzida, arquivada em
sistema de busca ou transmitida por qualquer meio, seja ele eletrônico,
fotocópia, gravação ou outros, sem prévia autorização do detentor dos
direitos, e não pode circular encadernada ou encapada de maneira distinta
daquela em que foi publicada, ou sem que as mesmas condições sejam
impostas aos compradores subsequentes.

"QUANDO A MÚSICA DO MAR ACABAR, É PORQUE TUDO ACABOU"

Hanna Jacobsen

A cada pessoa que carrega poesia dentro.
Aos mares da Bahia que me dão régua e compasso.

I – EU NO MUNDO 9

II – O MUNDO EM MIM 31

III – QUANDO EU MUDO ... 51

IV – TARDO O FIM 71

NÃO-SILÊNCIO DAS ÁGUAS E DA POESIA

Perto de muita água, tudo é feliz.
(Guimarães Rosa)

Logo de início, o título do livro, *Antes que o mar silencie*, indicia e incita uma dupla possibilidade interpretativa, sendo a primeira "antes que o mar não mais emita som"; e a segunda, "antes que o mar instaure o silêncio", retomando de volta para si o seu espaço. Por um caminho ou outro, somos intimados ao movimento.

Antes que o mar não mais emita som, ouçamos sua orquestra, seu baile, sua sonora e constante notícia do vem e vai de ondas, esse gesto repetido e oscilante, imitando e ensinando o que é viver.

Antes que o mar instaure o silêncio, reclamando seu cansaço de tanto ter de recuar, que possamos reaprender a vida, numa tentativa de adiar o fim.

Assim, Lucas de Matos, esse jovem e tão potente poeta, mais uma vez partilha conosco sua inquietude, seu verbo consagrado, seu amuleto para sua inscrição no mundo: a poesia. Organizado em quatro partes/ motes temáticos, o próprio sumário traça determinado percurso e acaba por constituir-se como poema:

"Eu no mundo,
O mundo em mim.
Quando mudo,
Tardo o fim."

Na primeira parte, deparamos com um sujeito poético que encerra convicções da força-nascente de seu corpo; reverberação ancestral, filosófica, sagrada, instrumental, tambu: "Transmito ideias diaspóricas/ ressoando percussões milenares".

Assim, dores são ressignificadas, e a boniteza presentifica-se.

Ser e estar no mundo é "arte-e-fato poético. Só a poesia reúne o aparente inconciliável, traduz as contradições, registra nossos rastros de fragilidade e exalta nossa grandeza, por isso cabe ao poeta "cavucar" o solo das palavras, para fazer "brotar verso, até mesmo no improvável".

Desse modo, somos conduzidos a acessar o mundo que faz morada no eu poético criado por Lucas, um mundo de memórias, dores, percepções, alegrias e águas... Ah, as águas!

"Água de beber, de benzer, de banhar, de rezar", funda e límpida sensibilidade: "pureza". É íntimo das águas o canto sirênico de sua poesia.

Atento aos sinais das urgências do mundo, o eu poético denuncia desajustes/desiguais medidas, sem perder a sutileza da sensibilidade.

No fluir dos versos, uma ecopoética sagrada e diaspórica instaura-se para nos alertar sobre os cuidados necessários com a nave-mãe.

Versos perfumados de alfazema são endereçados à Dona do Mar, como prece, gratidão, pedido de perdão, por esses descompassos nossos.

Na real mesmo, "introna", a poesia de Lucas avizinha uma revolução, transforma quem entra nessa praia, faz a vida vibrar.

De mão no peito, sentimos pulsar o coração da gente, essa máquina incessante, esse incansável atabaque interno.

E assim vamos fazendo voos altos, de olhos atentos aos dribles da poesia, nesse jogo de tradução.

Aqui, celebração e partilha, movimento de nascente inexorável, o verbo sagrado de Lucas coloca-se à disposição, mais uma vez, como alimento, alerta e alento. Axé!

Pedro Dorneles da Silva Filho
Professor e pesquisador de Literatura

I - EU NO MUNDO

1 - Bula..11
2 - Coração...12
3 - Post it *..14
4 - Corpo tambu*.................................15
5 - Balé..17
6 - Hereditariedade ancestral...............18
7 - Agricultor.......................................20
8 - Disciplina.......................................21
9 - Introna*..22
10 - Régua pra medir o sensível...........23
11 - (Fora da) Ordem............................24
12 - Do luto, meu verbo.......................26
13 - Com a boca no trombone..............28

I- EU NO MURO

BULA

No dia em que o desânimo
entorpecer o passar das horas
um livro estará à sua espera

2.

Me perguntam o porquê
de pôr a mão no meu peito
repetidamente...
É pra sentir o coração pulsante
palpitante, potente

É pra me fazer grato
entre o átrio e o ventrículo
pelo fato de ele permanecer ativo
mesmo depois de tanto atrito

Como trabalha o coração!
Bate seu ponto
a cada tique-taque
É o nosso interno atabaque
e eu me perdi na conta
de quantas vezes ele tem tocado
desde que nasci
E, no entanto, continua aqui
a repetir o seu labor

No momento de êxtase ou de horror
bate
Quando celebro ou quando choro
bate

Não importa o combate
é um guerreiro de prontidão
que me convoca à vida
dando o melhor da sua percussão sanguínea
ainda que por vezes eu o fira

Fina carne delicada ao lado esquerdo
a permitir do ínfimo ato
ao complexo movimento
ditando a emoção que se dilata e retrai
onde o que eu sinto se abarca
se abstém ou se abstrai
Às vezes o traio; ele jamais me trai

Deve ser por isso que o cantarão
um sem-fim de vezes
Em quase todas as canções de amor
estará como verbete, título ou rima

Em todo corpo é maestro
da orquestra íntima de cada individualidade

O que eu sei de verdade
é que até o último suspiro
bate

3.

O mundo orquestra
esquecimentos

Dançando nesse compasso
vivo me esquecendo
inclusive de mim

Tudo o que eu escrevo
é pra me lembrar
pra não oxidar meu pensamento
nem banalizar meu existir

Escrevo
para não
regredir

CORPO TAMBU

4.

Abra espaço pro meu movimento
Saia de baixo!
Em qualquer lugar que eu chego
sou guarnecido* com a tropa
dos meus antepassados

A terra treme quando danço
porque danço por muitos pés
A comunicação do meu ará*
resgata idiomas perdidos
recria outros sentidos
revê memórias

Por isso todos os olhos
se voltam para minha dança
ávidos em ler
a contação de mil histórias

Aqui não há tabu
Meu corpo é tambu

Transmito ideias diaspóricas
ressoando percussões milenares
confirmando a incômoda verdade:
a movência do meu povo
é insubmissa!
Nem o chicote nem a corrente
foram páreos.

Esse passo de insurreição
me acompanha por onde eu vá
me convoca pra dançar...

É aula;
Abra espaço!

Não há pausa
no balé da existência

Por mais inerte
que alguém esteja
também é parte inerente da cena

Estamos todos
num mesmo palco
onde escolhemos destacar
ou ofuscar nossa presença

Esse papo
vai além das aparências

Repara nele
e se repensa.

HEREDITARIEDADE ANCESTRAL

Estão no meu DNA
aquilo que se pode constatar
e aquilo que só se pode sentir
pois pertence à categoria
do rijo longevo
que sustenta o meu existir

Não é permitido assistir
a olho nu de sensibilidade
Mas quando ando
quando movo
quando falo
sou plenamente amparado
pela ancestral hereditariedade

Minha língua vibra
por outras mil
Vontade imperativa
de rasgar mordaças
desmontar farsas
cantar e sorrir

Sorvo* na fonte primeva
esse secreto elixir
razão pela qual
não apenas sobrevivo
mas sigo forte, pleno
e volto, de toda queda,
redivivo*

Descendo dos que tiveram
o exponencial equilíbrio
de esquadrinhar paraísos
na vida semiárida
onde a linhagem foi criada
a cada momento de amor
até chegar a semente
da árvore copada, resiliente
que hoje eu sou.

7.

AGRICULTOR

Tenho que cavucar
na fundura das ideias
do meu solo
na lavoura onde colho
o lívido que escrevo
e ponho no texto
e trago pra língua

Quando esturricar a lira
ainda assim
vou lavrar na ausência da inspiração
à procura da palavra
que vai garantir meu pão

Pensam que me alimento de luz
e o que paga meu sustento
é a divulgação
Ah se soubessem o quanto custa
a minha divagação;
jamais me pediriam desconto

Tudo que eu canto e conto
vem do solo das palavras
E quando não é tempo fértil
faço a dança da lavoura
chamando chuva no solo estéril

Até no improvável
meu trabalho
é brotar verso

8.

DiSCiPLiNA

Quando minha caneta falha
ela me fala
que não falhei

INTRONA*

Versos me tomam durante o sono
me inundam o sonho

Consigo ver a palavra brilhar
de tão límpida
acordada em mim
Eu dormindo
e ela, burilando no onírico,
querendo me futucar

Ai, poesia, despertador inconveniente
visita surpreendente
Mesmo sem convite
não tá nem aí
tá indiferente
é toda introna
quer adentrar

A sorte é que vive aberta
a minha porta
E ela sabe que é bem-vinda
Não se faz de rogada, é ousada
basta chegar.

RÉGUA PRA MEDIR O SENSÍVEL

Sei quanto meço e quanto peso
Sei precificar o meu corre
e prescindir de pro labore*
quando se trata de afeto

Me acostumei a contar
e quantificar
como uma forma de medir
o meu progresso

Planilhas de livros
de filmes
dias em que malhei
check lists, excels
excessos

Mas até hoje
não logrei sucesso
em achar a ferramenta
que mensure a profundidade
de um verso

Às vezes, basta mesmo um
para salvar
pra suplantar o olhar-centímetro
em sentimento-quilométrico.

11.

(FORA DA) ORDEM

A ordem é usar até esgotar
exaurir, dissecar
se empanturrar ao ponto de se fartar
desfrutar, desperdiçar
nunca se cansar de comprar

O compromisso de encarar
o comportamento clientelista
ficou na lista dos afazeres do amanhã
na conta de uma futura geração
que já nasce com a missão
de reparar o dano herdado

E haverá amanhã
para ser reparado?

O hoje urge
em seus chamados exasperados
Os sinais de um mundo desequilibrado
são evidentes
E a prova viva
é a própria gente
que por cegueira conveniente
não vê na vida
seu próprio reflexo

Se a Terra adoece
tudo se torna enfermo
desconexo

Não dá pra esperar amanhã
para que seja dado um remédio

12.

DO LUTO, MEU VERBO

Sou essa criatura complexa
Mistura de fundo do mar
com floresta
Mito do folclore popular
que cheio de afeto pela vida
fere, com a palavra arisca
quem bota fogo na mata
quem joga lixo na água
quem põe veneno no ar

Sou espécie em extinção
perdida no próprio bando
Que renega toda ação
em nome do desumano
Que rejeita o ultrajante
o grotesco, o insano

do assassinato da fauna
do roubo impune de hectares
do regozijo em ver gente
sem terras e sem lares

Sou o alarme, o alarde
Enquanto houver verso
não me verão covarde

Sou o acorde dissonante
ao hino da conformidade
Sou arquiteto da arte
desenhando a esperançosa teimosia

Em meio a tanto desapreço
faço do luto meu verbo
e ainda ofereço poesia

COM A BOCA NO TROMBONE

Para quem traz
a memória longínqua da mordaça
toda palavra é escassa

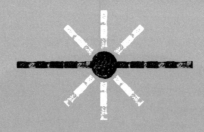

E se por acaso achas
que eu falo demasiadamente
Nada posso fazer diante
do seu desconforto evidente

Eu quero microfones
e alto-falantes
e palcos
para amplificar minha voz
Dar vez aos discursos
que foram silenciados
pela boca atroz
de quem busca impor
como único neste mundo
o seu lugar de existência
e de enunciação

Eu quero me ver no telão
e me ler em traduções
As forças das línguas
de múltiplas nações
emaranhando-se na minha

Seremos uma grande boca em brasa
aglutinadora, antropofágica*
difícil de ser engolida
e dificílima de ser tapada.

II - O MUNDO EM MIM

1 - Lição do sol...32
2 - Batismo..34
3 - Pureza...35
4 - Água de cachoeira....................................36
5 - Louvação à vida.......................................38
6 - BBB..40
7 - Desigualdade...41
8 - Ostentação..42
9 - Perícia...43
10 - Caixinha de música................................44
11 - Retomada..46
12 - Eterna transição....................................47
13 - Giramundo..48

1.

LIÇÃO DO SOL

Já imaginou a (im)possibilidade
de o sol se levantar de mau humor
e te negar a luz?

Despir-se do seu dourado
despedir-se, ofuscar-se
transformar tudo em eterna noite
debandar-se;
já pensou se o sol
te abandonasse?

Não te desse as vitaminas
a força de vontade
pra validar a lida
abocanhar a vida
versificar a lira?

Já pensou
se o Sol delira
e te recusa o brilho,
faz um rebuliço
no conjunto celestial
e na Terra um desequilíbrio mortal?

Se ele se ensandece
e, por vontade própria,
esquece sua função de divino candeeiro...

Acontece que o fogo
de quem é considerado
o astro-rei
jamais pode ser comparado
ao de um isqueiro

Aprendamos com o sol
raiando em nosso melhor,
levantando toda cor
crescendo, ascendendo
e no adequado momento
sabendo se pôr

BATISMO

Cada vez que eu mergulho
me reinaguro
reelaboro o meu orí*

A água me dá refação
me faz revisão
é o espaço da ressurreição
de mim

PUREZA▲

A meta é manter um pouco da pureza
das minhas águas
conter a lama do mundo
para que o lodo não me invada

macular o mínimo possível
e fazer o impossível
para não desperdiçá-las

Se eu sou fonte
fluxo, foz
Há quedas-d'água
quando solto a minha voz

E entre nós
aqueles que têm sede
venham a esta bica
donde jorram as palavras
e se dessedentem*

Bálsamo, abraço, cura
A meta é manter
a palavra pura

ÁGUA DE CACHOEIRA

Quando a riqueza se derrete toda
e, dadivosa,
vai se esparramando
por entre as fendas
por sobre as rochas
Ela cai faceira
nos cocurutos*
nas moleiras

Chega amolece
quem recebe essa queda
benfazeja*
Onde a intimidade é faxinada
e a felicidade é repaginada

Ela cai
e o que recai
é uma guinada

Sua liberdade é atávica*
selvática
Vem pra desamarrar
vive desamarrada

Ouro que escorre
e cobre cabeças
que trabalham para serem coroadas

Água de cachoeira
Com o seu poder
ora iêiê*
nada se compara

LOUVAÇÃO À VIDA

A vida vibra na minha unha
em todas as minhas extremidades
se esvai de mim nos quilos que perco
nos cabelos que me caem
no adeus imperceptível da idade que se vai

Por outro lado
toda hora se refaz e se expande
me mostrando amplidão em tudo:
nas gotas incontáveis do oceano
nos grânulos incontáveis da areia
— alertas contra a ingratidão
quando se há barriga cheia

A vida me convoca nas vísceras
na menor das células
e faz de mim uma nova notícia
na tela desse programa
em que sou o apresentador premiado

A vida, esse apogeu desmesurado
me põe estupefato* com suas façanhas
Ora me embala no seu colo
ora me expele das entranhas
mas nunca passa fingindo
não me notar

A vida rebola no meu corpo
me faz vicejar* quando vacilo
e penso que eu não sou de nada

Daí, do nada ela baixa em mim
para que eu não me rebaixe
para que eu seja resoluto*
e lute o bom combate
de quem veio pra vencer demanda

A vida vibra nas minhas bordas
nas minhas bandas
nos meus acordes
na minha aorta

Por mais que eu rejeite o senhorio
sou servo dessa senhora
a vida
que me convida ao movimento
e na escola do tempo
ela que dita a ementa

Sempre que uma porta se trava
aceito e construo uma estrada
pois ela me dá ferramenta.

6.

Sendo a Mãe Terra
nossa espectadora,
ela estaria mais propensa
a nos acolher
ou a nos cancelar?

DESIGUALDADE

O som da chuva
pra mim
é canção de ninar

É difícil
e necessário
admitir meu privilégio...

Pra quem vive na encosta
pra quem não tem lar
o mesmo acorde
é canção de insônia

OSTENTAÇÃO

Ostentação
ao meu ver
tem mais a ver
com tirar fruta madura
que levou seu tempo
in natura*
pra crescer

Sem veneno
sem tóxico

E eu, deitado
comendo saúde
sem pressa
sendo CEO* do ócio

PERÍCIA

De tanto encher
a vida de vida
o poeta foi perita

Mais que analisa;
ele sensibiliza

Não chutou a pedra do caminho
por receio de parti-la

E só aos escolados
na perícia poética
é permitido enxergar
o sangue da pedra

CAIXINHA DE MÚSICA

Reúno toda partitura possível
em cada praia que piso

Das saudades que me antecipam
a tristeza de sair do ciclo
dos que têm sangue
sassaricando nas veias
É ouvir o som da onda
se espraiando na areia
uma das que mais sobrevêm

Dizem que pensar na falta
Faz a gente valorizar o que tem

Antes que o mar silencie
quero saciar cada sílaba
que ele me secreta em suas canções

Todos os momentos de silêncio
todas as meditações
foram pra guardar esses acordes
essas inspirações

Quando eu for pura evaporação
levarei comigo as notas musicais
tocadas pelo mar
Ele é o grande regente
onipresente
da trilha sonora
do meu navegar

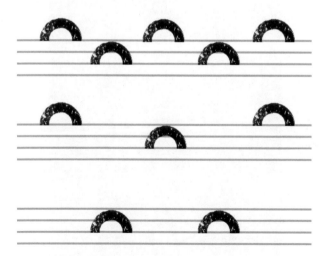

RETOMADA

Que cidade estará pronta
pra receber o abraço
quando o mar
recobrar o seu espaço?

E se o rio resolver
remover o sufoco
avançar no concreto
correr revolto,
quem o retém?

ETERNA TRANSIÇÃO

Na minha praia predileta
um caso curioso se deu:
cada dia que eu mergulhava
o mar já era outro

Bem como eu

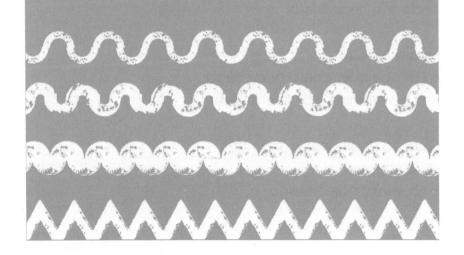

GIRAMUNDO

A inércia não me detém
nem me detona
Foi soprado em mim
um vento
que me impulsiona ao movimento
que reclama minha presença
meu corpo vivo e atento

Há tanto por fazer
e eu posso ser tão vário

Quando penso
que movo aleatório
o vento me põe no lugar
onde sou necessário

Giro o mundo
e em qualquer canto que chego
sou bem-vindo e bem chegado

Quando você pensar em mim
eu já cheguei
É no vento que cavalgo

III - QUANDO EU MUDO

1 - Mais um dia...53
2 - Juramento..54
3 - Repare-se..55
4 - Inteligência natural.....................................56
5 - Os vários usos de uma corda......................57
6 - Bandeira branca.......................................59
7 - Reencontro...60
8 - Avesso..62
9 - Velejar..63
10 - E depois da pandemia?...........................64
11 - Morte & vida..66
12 - Manual do voo.......................................68

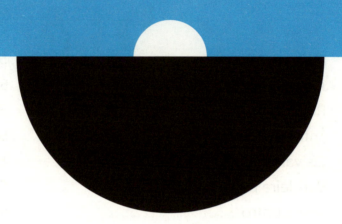

MAIS UM DIA

1.

Tenho despertado com a sensação
de um grande fardo
caído sobre os meus ombros

Mesmo grato pela oportunidade
de refazer os destroços
algo em mim reluta em levantar

O sonho pesa;
pesa a incompletude
da garantia de o realizar

Mas me recuso
a carregar a carga insuportável
da covardia

É por isso
que eu me levanto
me continuo

É mais um dia!

2.

Perdi as contas
de quantas coisas
já deixei pela metade

Livros, uma infinidade
Projetos, amores, vontades...

Às vezes
um passo até a conquista
era o que faltava para a rendição
Mas perdi de vista
com esse vício arisco
de descontinuar a plantação
e me antecipar à boa safra
pulando as etapas
ansiando colheitas prematuras

Antes de perder mais tempo
nessa conjuntura das metades
digo: basta!

Faço esse juramento
sacramentando, em verso, as palavras
Crio esse novo mandamento
na diretriz do meu próprio manual

Se for pra começar
o que quer que seja
que eu tenha a inteireza
de ir até o final

REPARE-SE

De aba em aba minimizada
várias janelas avolumadas
ficam por fechar

Nessa pesquisa
onde nada se aprofunda
senão a bagunça,
em hora inesperada
o sistema travará

E é só nesse momento
que se para
pra, de fato,
pesquisar

4.

Fígado, fêmur, folículo*
tudo que trago comigo
nesse recipiente precípuo*
chamado corpo
também sou eu

A enxaqueca exasperada
a volumosa risada
a bateria social esgotada
é tudo indício de mim
vestígio de emoção
expressão de saúde
ou sua falta

Esse organismo vivo
que atende pelo meu nome
alarma

Dá pistas e provas
ainda que eu teime
em visualizar suas mensagens
e, por vezes, as ignorar

Há inteligência natural na matéria
há potência para se curar

Que eu possa ter mais consciência
mais paciência
para a escutar

OS VÁRIOS USOS DE UMA CORDA

Já dizia o ditado:
corda esticada demais
parte

Era tão tarde
quando dei conta do recado
que a minha partiu

Sem alarde
sem alicerce
achei que o afastamento do mundo
me abastecesse...

Mentira minha;
tenho a alma coletiva
circense
Dessas que gostam
de habitar corpos
e que desafiam a corda bamba

Alma de humano
mambembe, mundana
Que também tem lado sombra

Cada um sabe onde a corda aperta em si,
Onde folga ou engancha
e aprende o momento de ajeitar o próprio laço
Cada um faz o que pode
com a corda partida e seus pedaços

Quanto a mim,
desisti de forçar o cabo de guerra
e percebi que pular corda
ainda pode ser divertido

6.

Estou aqui novamente
a fincar bandeira branca
no continente da minha mente

Depois de um desacerto
depois de um desencanto
depois de um vício

Me ergo, tropeçando
mas sigo

Hoje não estarei na zona de conflito
É mais um dos tantos recomeços
que me faço
Portanto, serei meu amigo
em vez de ser meu carrasco

O hoje parece
me estender os braços
como quem diz
"filho, se refaça
se reescreva"

Estou aqui novamente:
papel, alma, caneta
acolhendo seu chamado

Ao milagre
de uma nova chance
respondo:
"Muito obrigado!"

REENCONTRO

Desculpe
hoje ficarei em casa

Lamento desmarcar
mas preciso acordar
sem hora marcada

Quero me ver e te rever
com vigor
E hoje meu andor
de carne osso
pede uma requalificação
depois de tanto esforço
uma formatação desse automático
que me põe no fosso

Preciso do ponto de mutação
e do desligamento do mundo fabril
Para minha sanidade
hoje escolho fabricar nadas
me despojar
pegar a solidão e com ela dançar
Preciso mergulhar em mim
para quem sabe assim
poder boiar, nadar...

Nada tem a ver contigo!
Quero mesmo é te encontrar
quando eu tiver primeiro
me encontrado
me encantado
comigo.

8.

Ama-me
porque a realidade é fugidia
é ladra
e me tira a flor da poesia
que irrompe no meio-fio da vida
inteiriço
áspero

Ama-me
para que me seja dada
a possibilidade de levitar pela casa
quandos os cacos de vidro
que arremessei no passado
permanecem no chão
ávidos por me ferir
E sou eu quem limpa o sangue
Eu quem costura a carne

Ama-me
verdadeiro, absoluto
Apesar de mim, apesar de tudo
E compreenda-me quando eu
confiante
resolvo expor o meu avesso

Ama-me
pedido que me faço
olhando o espelho

VELEJAR

Aprendi a conjugar
o verbo renunciar
sem o associar ao medo
quando ergui o mastro
e velejei confiante
pelo mar do desapego

A cada onda que batia
meu veleiro estremecia
Eu tremia
mas ia me refazendo

Mais vale se lançar à descoberta
do que viver ancorado
ao que não tem mais jeito

E o jeito que eu gosto é esse
ser livre pra desbravar

Renuncio às amarras
às âncoras enferrujadas
Renuncio à vida náufraga

Quero mais é velejar

10.

E DEPOIS DA PANDEMIA?

Só pode ler estas linhas
ou escutar estes versos
quem foi sobrevivente
da maior asfixia
do universo

E só isso bastaria
para aprofundar a devoção
a cada respirar
— direito natural
de que muitos não puderam desfrutar

É de ferir o coração
pensar que tanto isolamento
tanta perda prematura
não tenha servido de ensinamento
na sociedade onde vigoram
a futilidade e a usura

Como é impossível a rasura
no teste da existência
eu temo pela dureza
das próximas provas
Elas permeiam toda a história
e o grau de dificuldade
se acentua a cada etapa

O que você aprendeu
depois dessa batalha?

Talvez ainda não tenha caído
a sua máscara
E é por essa razão
que os seus óculos embaçam
pras realidades que assustam
ainda que elas sofram
o excesso de nitidez

Diante da robustez
do viver
só pode amenizar a dureza
quem aprendeu
com a experiência

Esse alguém é você?

MORTE & VIDA

Morte e vida coabitam-se
namoram-se
neste exato momento

Estão de mãos dadas
indiferentes aos olhares de julgamento

Complementares
ostentam suas particularidades.
É na possibilidade de alternância
que mais importantes se fazem
Existem no enlace

Pensar na morte
nos proporciona
olhar a vida por outro vórtice
E pensar na vida
nos faz buscar uma morte
em que cada hora precedente
seja plenamente usufruída

Ora atentas
ora distraídas
Elas tiram onda com a nossa cara
são debochadas
são atrevidas

É como se em pleno cemitério
um garoto resolvesse empinar pipa
É como um neurônio que morre
enquanto uma nova ideia se agita
É como um fruto maduro que sucumbe
pra encher barriga

Como não reparar
que tá uma por dentro da outra
e uma à outra modifica?

Fica a dica:
no fundo a morte indica
não dispensar sua sorte
nem quer largar seu suporte

Até ela
prefere a vida.

MANUAL DO VOO

I

Diante do vácuo
asa criei

Planei à busca arredia
de outra paisagem

Teimei

Quem poderia imaginar?
Depois da queda
foi espetacular

Voei

II

Andei andei andei
muito calo na sola colecionei
até que um dia
pela primeira vez escutei
"tripulação, dez mil pés".

Voei

VI - TARDO O FIM

1 - Prece 72
2 - Intuição 73
3 - Acompanhante oponente 74
4 - Conselho 76
5 - Compromisso 77
6 - Aviso 78
7 - Oráculo 80
8 - Doação 81
9 - Oriki* para sanar 82
10 - Maleme* 83
11 - Pangeia* 85
12 - Antimarasmo 86
13 - Tardando o fim 88
14 - Viciado 90

PRECE

Que todos os seres sejam felizes
— Minha pequena prece sem precedentes
sem diferenciar bicho e gente
sem individualizar esse direito existencial

Eu a estendo ao nível astral
criando, em meu plano mental,
comida na mesa alheia
floresta inteira, de pé
criança brincando na rua
a cura que ainda não veio
liberdade de ser quem se é

Meu pedido transcende as esferas
em sua democracia planetária
e sinto-me abraçar a Terra
na bem-sucedida junção da ação com a fé

Pequena em tamanho
desmedida em intenção
Quebranto, chega não...
Minha prece tem axé!

INTUIÇÃO

Mal sonharia
que a trama da minha sina
assim seria

Alguma coisa
mais sabida do que eu
anunciava

Mas é preciso
vista apurada, escuta acurada
pra desvendar a vida
seus avisos, suas charadas

Esses chamados
nos são dados
de formas tão variadas
que o "não" recebido de uma porta
pode ser a chave-mestra
de inúmeras entradas

Se o desfecho não foi
como eu esperava
sempre haverá outro horizonte
me esperando

É da sina de quem vive
estar continuando.

3.

O pensar em demasia
pode cortar a magia
daquilo que seria inebriante
se não fosse o ato fatigante* do medo

Ele é o ganhador incansável
do jogo do descontente
e vai aglutinando incógnitas*
na vida da gente
toda vez que permitimos
sua fala intrusa em nossa voz

Não quero mais seu beijo
com sabor de culpa
afeto atroz
Traio a minha coragem
quando dou espaço a esse algoz

Não quero ser o palco
que o medo ocupa
tampouco obedecer à placa "pare"
que ele finca a cada paragem
na estrada da minha viagem

E caso ele insista
em não arredar pé de mim
vai ter que me acompanhar
e viver contrariado
a cada sim que eu afirmar

Meu acompanhante oponente
será derrotado permanentemente
porque o jogo vai virar!

CONSELHO

Reduzir a possibilidade
é sentar e ficar no aguardo
que surja algo
que o agrade

Se agite e se use
antes que seja tarde

COMPROMISSO

Esse trabalho de fazer
a tradução da vida
é dificultoso

Quem dera a escrita
fosse mera beleza...
Tem dias que é dureza
fundura de poço
fossa
profunda aspereza
— exaspera-se o escriba*
sem deixar de honrar
o compromisso

Contudo, cada vez que alguém
compra seu livro
e ao passar a página
a si se repagina
Fica mais perto
a corda que socorre
a corda da subida

Um escritor
também se salva
a cada linha lida.

6.

Tô passando pra avisar:
tome nota!
Meu enredo de sonho impossível
vai se concretizar a qualquer hora

Com o tempo que me sobra
pus as mãos à obra
Desisti de lamentar
o olho que me viu
e não quis me enxergar
Ou o braço retesado
recusando me puxar
no ato de levantar uns aos outros

Com ajuda dos meus poucos
desapeguei da espera
e da ânsia passiva
e junto deles vou carregar
os sacos de areia, cimento e brita
para erguer o meu terreiro
onde se tornará real
o que era expectativa

Tô te avisando com antecedência:
a mão invisível da criação
tá me conduzindo à ascendência.
Não vá se alarmar
quando me vir lá:
logo você que duvidou
da minha excelência...

Prevejo as portas
que me recusaram a licença
com tapetes estendidos pra mim
E eu entrarei sim
sem me ofuscar pelo cetim
pois sei bem de onde vim

O recado foi dado
e palavra de afirmação
firmada na ação
é a lava da explosão
da rocha eruptiva*
donde brota o meu verso

Eu vou alavancar!
Não tente atravancar
o meu sucesso
pois quem tá me guiando
criou o Universo

7.

O poema veio para polir o opaco
dar substrato ao abstrato
confortar o sentimento desconhecido
e sacudir a inércia
dos que não confrontam o conformismo

O poema, precipício, projétil
sempre principia algo inédito
prevê

Tem aparência inofensiva
pacífica
mas pode causar mudanças sísmicas
derreter a ideia cristalizada, antiga
aprofundar o mundo
dentro da própria vida

Desconheço quem sai ileso
imune da lira
Quem não foi remexido nesse banzeiro* textual
que não seca de assunto
e abarca tudo que é tema

Ninguém desconfia
da revolução que se avizinha
e quem a antecipa
é o poema

DOAÇÃO

Mesmo nos dias menos abastados
quando as moedas, que demoram a vir
se vão tão rápido
ainda posso servir
ainda posso ofertar o meu sorriso
a minha palavra amigável
meu ombro caridoso, afável

Posso ser abundância no percalço

Escolho oferecer meus internos quilates
não há preço no mercado que os arremate
nem parcela que os divida
nem entrada que os adiante

Dar o melhor da gente
sem precedente
pode ser uma dádiva contagiante

9.

ORIKI* PARA SANAR

Cabeça
roça onde semeio minhas ideias
terreno do meu pé de sonhos
chão de um sítio arqueológico
recôndito*
que ainda não escavei

Que eu possa te usar
para plantar
o fruto bendito
o fruto bonito
em vez de deixar de adubá-la
temendo a aridez

M▲LEME*

Na tua exuberante baía
me banho, me embalo
Bato paô*, peço agô* e me salgo
O sal de tua morada regenera a pele
da rotina empoeirada
Religa o ser à alma

Nada teme quem
no teu palácio nada
quem, no teu azul, levita

Por nos abençoar com tanta água
E ter a injusta contrapartida
da desumana sujeira, ecocida*
pedimos misericórdia

Esse pranto deságua no oceano
e a resposta é um presente
que a maré não retorna

Faremos do lixo
a lixúria* que te adorna
como retratação

Aceite esse balaio terrestre, essa reinvenção
como procissão de quem caminha
limpando da areia a poluição

Mesmo sendo mínima a ação
diante de tanta graça
abraça-nos, Senhora!
Derrama bálsamo no coração
de quem te roga:
Maleme, Dona do Mar
Perdão, Odoyá!*

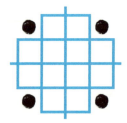

PANGEIA*

Procure ser responsável
porque um ato local
por mais banal
pode ter um impacto
planetário

ANTIMARASMO

A terra jamais parou de girar
Tampouco o tempo deteve
seu fluxo no espaço

Não peço desculpa por incomodar
mas eu vou tensionar seu marasmo
até o ponto máximo
Fazer você sair do sofá
e se questionar:

Está isento da responsabilidade cidadã?
Há muito trabalho
para que se possa existir um amanhã
E todos temos papel crucial
na feitura do futuro

Não dá pra ficar em cima do muro
pairando sobre privilégio
Pois muito será cobrado
a quem for abastado
e só se bastar no próprio império

É um verdadeiro impropério*
não se comprometer com o mundo
abster-se do que, por conveniência,
não te diz respeito
Silêncio e indiferença
ensurdecem de outro jeito

Não peço desculpa por tensionar
mas quero sensibilizar seu coração
até o ponto de mutação
Expor a carapaça da soberba
para podê-la remover

Mova!
Não há tempo pra rivalizar

O mundo precisa
de um novo
você!

TARDANDO O FIM

13.

Quando uma criança
se encanta pela poesia
o fim do mundo se tarda

Quando um ancião
tem a oportunidade de aprender
na sala de aula
o fim do mundo se tarda

Vai se adiando esse episódio
tétrico* e apocalíptico
essa profecia fadada ao fatídico*
quando todo o bonito
aparentemente ínfimo
fura a dureza da existência
e revela a potência
do que não é finito
por essência

O que se ensina e se aprende
pode elevar-se à enésima potência

A árvore nascida
da subestimada semente do conhecimento
é assombrosa, frondosa
E se podemos alargar o futuro
é porque, em algum momento
provamos o sabor da polpa generosa
dos seus frutos

São vacinas, músicas, filosofias
palavras, cálculos, leis,
edifícios, fórmulas, mandingas
remédios, conselhos, veículos

É poderoso, é potente, é profícuo*
E o tempo de um só ser é tão exíguo*
pra desperdiçar em busca de atrito
guerra, conflito

Continuo apostando
no macro e no micro
pra que o fim não seja tão indigno
e enquanto tento fazer durar
este infinito
até o meu derradeiro delírio
meu fruto favorito
será isto:

um livro!

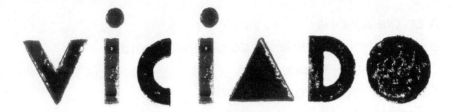

VICIADO

Utópico
quis respirar todo o ar
do Universo

No óbvio desse impossível
deu-se o rebuliço:
caí no vício de viver!

Já sei que vou morrer
sem ter lido todos os livros incríveis
e sem me banhar
em todos as praias da Terra

Já sei que sou de eras
e em determinado momento
meu corpo não mais poderá o paraquedas

Não posso evitar
as quedas e os deslizes
pois a gafe só existe
pra quem tem a coragem
de cometê-la

Nessa viagem, vou entre ois e tchaus
sempre escolhendo e renunciando
Tentando minimizar o que seria, poderia ou faria
e mesmo errando
vou tentando na correria

O agora está sempre à minha espreita
e me vigia...
Quer usufruir todos os segundos
quer ser minha companhia
até o segundo derradeiro
quando tudo o que restar
será saudade e nostalgia

Por isso volto ao que vicia:
agir enquanto existe o coaxar da gia
agir enquanto há viço, vontade, ousadia
agir pra converter em magia o ordinário

Epígrafe* da minha biografia
Verso do meu epitáfio*:
"Em matéria de viver
aqui jaz um viciado"

GLOSSÁRIO

Agô: palavra iorubá que significa licença.

Antropofágica: relativo a comer a carne de outra pessoa. No sentido poético, refere-se a se alimentar de diferentes culturas.

Ará: na mitologia iorubá, é o corpo do ser humano, moldado da lama por Olorum (Deus).

Atávica: adquirida de maneira hereditária.

Banzeiro: agitação.

Bato paô: saúdo.

Benfazeja: benéfica.

CEO: Chief Executive Officer ou diretor-executivo ou diretora-executiva. Termo utilizado para definir a pessoa por trás da direção geral ou da presidência de uma empresa.

Cocurutos: o ponto mais alto da cabeça.

Dessedentem: que matem a sede.

Ecocida: que promove o extermínio do que é relacionado à ecologia.

Eruptiva: que saiu por estado de erupção.

Escriba: escritor.

Estupefato: admirado.

Epitáfio: frase do túmulo.

Epígrafe: frase que inicia um livro, um capítulo ou um poema.

Exíguo: pequeno.

Fatigante: cansativo.

Fatídico: que profetiza.

Folículo: bolsa tubular localizada na hipoderme. Por exemplo: folículo capilar.

Guarnecido: fortalecido, protegido.

Impropério: comportamento ofensivo.

Incógnitas: mistérios, enigmas.

In natura: em estado natural.

Introna: intrusa, intrometida.

Lixúria: coletivo idealizado pela artista Darcy Rolim, que promove arte feita com reciclagem.

Maleme: súplica, misericórdia.

Moleiras: é a denominação popular dos espaços que separam o crânio dos recém-nascidos.

Odoyá: saudação a Iemanjá, a cuidadora do mar.

Ora iê iê: saudação a Oxum, a cuidadora dos rios e das cachoeiras.

Orí: palavra iorubá que significa cabeça. No candomblé, é o espaço que abriga os orixás.

Oriki: palavra iorubá que se refere a histórias, textos.

Pangeia: supercontinente único.

Post it: pequenos pedaços de papel com cola de baixa

aderência utilizados como lembrete.

Precípuo: mais importante.

Profícuo: frutífero.

Pro labore: em latim, significa "pelo trabalho"; remuneração.

Recôndito: escondido, oculto.

Redivivo: ressuscitado, rejuvenescido.

Resoluto: firme

Sorvo: bebo.

Tambu: palavra do idioma banto que significa instrumento musical de percussão, muito utilizado em ritmos afro-brasileiros, como o samba e o maracatu.

Tétrico: muito triste.

Vicejar: ter viço, vitalidade.

LUCAS DE MATOS

Crédito: Fabiano Pereira.

Comunicador e escritor de Salvador (BA), difunde a literatura com foco na poesia escrita e falada. É autor de *Preto Ozado* (Principis, 2022), livro que o faz circular por diversos estados em lançamentos e palestras e tornou-se tema de estudos em escolas brasileiras bem como de um documentário. Lucas esteve na programação de grandes festas literárias no país, como FLIPELÔ, FLIP e FLICA e participa do Projeto Arte da Palavra do SESC em 2024. Realiza atividades de arte e educação em escolas e comunidades e atua na direção e produção de saraus e espetáculos. Siga @_lucasdematos no Instagram.

NATÁLIA CALAMARI

Nascida em São Paulo, Natália é antropóloga e trabalha com edição de livros para crianças e adultos, ilustração e animação. Também participa de projetos educativos de jogos digitais e oficinas. Em 2020 foi selecionada pela FNLIJ para o catálogo da Feira de Bologna, Itália, e em 2017 para a Bienal de Design Gráfico Brasileira. Também em 2017 foi artista convidada no Maryland Institute College of Art – MICA, em Baltimore, EUA. Entre seus clientes estão a Organização Pan-Americana da Saúde, Wenner-Gren Foundation, Canal Futura, Sesc - SP e outros.

Este livro foi composto com a fonte Readex Pro
e impresso no inverno de 2024.